# Oen Ien en oen An

Erik van Os en Elle van Lieshout
tekeningen van Georgien Overwater

Zwijsen

## Oen Ien en oen An

Ien is een oen.
En An is een oen.
En gek dat ze zijn!
En dom dat ze doen!
Ze doen maar wat.
Dom is dat.
Maar dat geeft niet, hoor.
Daar zijn ze oen voor.

## Op school

'Pak je pen!' zegt de juf.
'En zet dit op je vel:
Maan, roos, vis.'
Wat doet oen An?
Ze zet maan op haar vel.
Op het vel van haar been!
Ze zet roos op haar buik.
Ze zet vis op haar neus.
'Oo nee!' zegt de juf.
'Is er wat, juf?' zegt oen An.
'Laat maar,' zegt de juf.
'Dit hier, is je vel.'
Ze legt een leeg vel voor oen An.
'Zet op je vel:
Een man met een hoed.'
'Poe, poe,' zegt oen An.
Ze weet niet hoe hoed moet.
Is het hoet of hoed?
Of hoetd of hoedt of heot?
'Weet jij het niet?' zegt oen Ien.
'Wat ben jij een oen, An!
Ik weet het wel!

Kijk maar wat ik kan.
Ik maak er pet van.
Pet of hoed, dat maakt niet uit.'
Oen Ien laat het de juf zien.
Een man met een pedt.
'Lees maar, juf!' zegt oen Ien.
'En geef me maar een tien!'

## De juf is dom

'10 = 5 + 5,' zegt de juf.
De juf zegt het.
Dan zal het dus wel waar zijn.
Oen len zet het in haar boek.
'10 = 4 + 6,' zegt de juf.
Oen len kijkt op.
Wat zegt de juf nou weer?
De juf weet ook niet wat ze wil.
Oen len pakt haar gum.
Ze gumt 10 = 5 + 5 uit.
Ze zet 10 = 4 + 6 in haar boek.
'10 = 3 + 7,' zegt de juf.
Wat nou weer?
Oen len kijkt oen An aan.
'Oo oo, wat is de juf dom!' zegt ze.
'Juf,' zegt oen len.
'Je weet niet hoe het moet.
Ik geef je geen tien!'
'Ik ook niet,' zegt oen An.
'Je kan er niet veel van.'

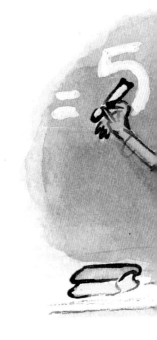

## Oen An gaat op zoek

'Wat doen we, Ien?' zegt oen An.
'Ik weet wat,' zegt oen Ien.
'Ik zit daar in die put.
En jij zoekt mij.'
Oen Ien loopt naar de put.
'Kom maar!
Ik ben weg,' roept oen Ien.
Oen An telt van een tot tien.
'Ik kom!' roept oen An.
Ze zoekt hier.
Ze zoekt daar.
Ze zoekt en zoekt.
In het huis.
In de tuin.
Geen Ien te zien.
'Ik geef het op, Ien,' roept oen An.
'Ik zoek nou al een uur.
En ik zie je niet.
Kom nou maar uit die put!'

# Een pan met rook

Oen An maakt soep.
Ze weet wel hoe dat moet.
Je pakt een pan.
Je doet het vuur aan.
Je zet de pan op het vuur.
Je roert.
Dat moet met soep.
Doe je dat niet?
Dan gaat het mis.

Oen An zet een pan op het vuur.
Ze roert en roert.
Dat moet met soep.
Oo nee!
Hoe kan dat nou?
Er komt rook uit de pan.
Oen An kijkt in de pan.
'Oo nee,' zegt oen An.
'Een pan met rook!'
'Oo An,' zegt oen Ien.
'Wat ben jij een oen!
Je moet er wel soep in doen.'

### Een ei voor oen An

Oen An wil een ei.
Ze zet een pan op het vuur.
Maar nou nog een ei!
'Zeg, Ien,' zegt oen An.
'Hoe kom ik aan een ei?'
'Weet ik niet,' zegt oen Ien.
'Een ei komt van een dier.
Dat weet ik wel.'
'Oo,' zegt oen An.

'Daar in de wei is een koe.'
An gaat er naar toe.
'Dag koe,' zegt oen An.
'Ik wil een ei.'
De koe kijkt An aan.
'Dan moet je bij de kip zijn.'
'De kip?' zegt oen An.
'De kip!' zegt de koe.
'Ze is in haar hok.'
Oen An gaat naar het hok.
In het hok is een kip.
'Kies maar een ei uit!
Er zijn er zat.'

Oen An zoekt.

Ik zie, ik zie …
Wat zie ik daar?
Ik zie een ei,
een ei met haar!

'Piep!' zegt het ei.

Oo ei, oo ei.
Wat lief ben jij.
Jou wil ik wel.
Kom mee met mij!

'Piep, piep,' komt uit het ei.
'Oo, heet jij Piep?
Ik heet An.
Jij mag met mij mee, Piep.'
Oen An pakt Piep op.
Ze gaat weer naar huis.
Daar ziet ze de pan op het vuur.
'Oo, dat is waar ook!
Ik wou een ei.
Zeg Ien,' zegt oen An.
'Hoe kom ik ook weer aan een ei?'

## Een boef!

Ien en An zijn in het bos.
'Ik hoor wat,' zegt oen An.
'Wat dan?' zegt oen Ien.
'Wat hoor je dan?'
'Ik hoor een boef.
Daar!
Hoor maar!'
Tik, tak, prr, krr.
'Ik hoor het ook,' zegt oen Ien.
'Maar dat kan geen boef zijn.
Een boef hoor je niet.
Daar is het een boef voor.'
'Oo,' zegt oen An.

'Hoor jij nou wat, Ien?'
'Nee, ik niet,' zegt oen Ien.
'Geen tik, geen tak of prr of krr.'
'Zie je wel,' zegt oen An.
'Ik zei het al.
Een boef dus!
Die hoor je niet.'

krr.

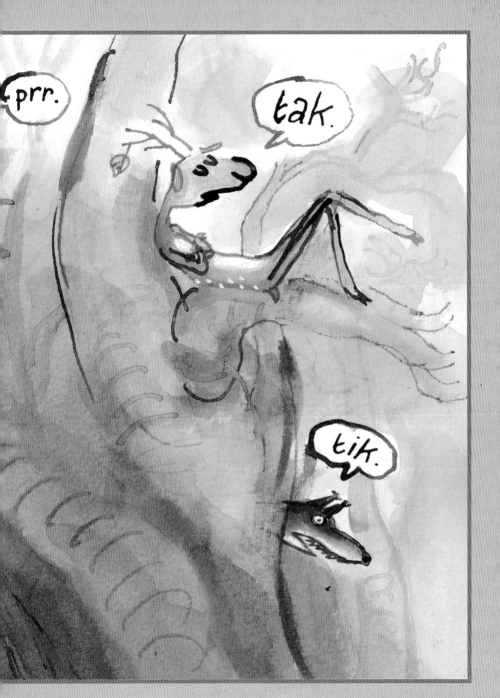

## 1 0 1 0 1 0

Oen An leest in haar map: 1 0 1 0 1 0.
Een – nul – een – nul – een – nul.
Van wie zou dat nou zijn?
Oen An belt.
Ze tikt: een – nul – een – nul – een - nul.
Tuut, tuut.
'Met Ien,' hoort oen An.
'Oo, ben jij het?' zegt ze.
'Wat raar!
Ik koos een – nul – een – nul – een - nul.

En nou bel ik jou.
Hoe kan dat nou?'
'Een – nul – een – nul – een - nul?
Dat is niet van mij,' zegt oen Ien.
'Dat van mij is: tien – tien – tien.'
Maar dat weet oen An ook wel.
Bel Ien op tien – tien – tien!
Maar, een – nul – een – nul – een – nul?
Wie zou dat dan zijn?
'Nou, dag Ien!' zegt oen An.
'Ik bel nog maar een keer.'

## Maar de zon is wel weg!

Oen An ligt in de zon.
Oen Ien ook.
Het is heel heet.
Oen An kijkt naar de zon.
'Zon, wil jij gaan?' zegt oen An.
'Het is veel te heet.'
'An, je bent een oen!' zegt oen Ien.
'De zon hoort jou niet, hoor!'
'Oo,' zegt oen An.
'Nou, dan roep ik wel.

ZON, ZON, WIL JIJ GAAN!!!'
Oen An roept en roept en roept.
Tot het heel laat is.
Dan gaat de zon weg.
'Poe poe,' zegt oen An.
'Mijn keel is er schor van.
Maar de zon is wel weg!'

## Een man aan de deur

De bel gaat.
Oen Ien kijkt uit het raam.
'Zeg An,' zegt oen Ien.
'Er is een man aan de deur.
Moet je die man zien!
Een man met een sik.
En met een pet op.'
'Oo,' zegt oen An.
'Een man met een sik?
En met een pet op?
Ik hoef geen sik.
En ook geen pet.
Ik koop niet aan de deur.
Zeg maar dat hij weg gaat.'

## Ik ben ook maar een oen

'Brrrr,' zegt oen An.
'Wat een kou.'
'Eet dan ijs,' zegt oen Ien.
'Dan eet je de kou op.'
Oen An haalt ijs.
Ze neemt een hap.
De kou gaat niet weg.
Ze neemt nog maar een hap.
En nog een en nog een.
Dan is het ijs op.
'Brrrrr,' rilt oen An.
'Nou is de kou nog niet weg.'
'Nee,' zegt oen Ien.
'Wie eet er ook ijs met die kou?'
Oen An kijkt oen Ien boos aan.
'Dat moet van jou!'
'Maar ik ben een oen,' zegt oen Ien.
'Wat ik zeg is dom.
Dat moet je dus NIET doen.'
'Hoe weet ik dat nou?' zegt oen An.
'Ik ben ook maar een oen.'

# Een mop

'Zeg, An,' zegt Ien.
'Ik lees hier een mop.'
'Oo,' zegt An.
'Kom maar op met die mop!'
'Hoor maar!' zegt Ien.
'Het is een mop van een oen.'
'Oo nee, niet doen!
Niet doen!' zegt An.
'Een mop van een oen.
Daar hou ik niet van.'

# Serie 7 • bij kern 7 van Veilig leren lezen

## Het jeukt op mijn kop!
Lieneke Dijkzeul en Juliette de Wit

Zwijsen

## En ik was de baas!
Truus van de Waarsenburg en Tineke Meirink

Zwijsen

## De bus van Mees
Dirk Nielandt en An Candaele

Zwijsen

## Toen de weg weg was
Rindert Kromhout en Jan Jutte

Zwijsen

## Dat doe ik wel een keer
Ben Kuipers en Ingrid Godon

Zwijsen

## De schat van Mak
Daniëlle Schothorst

Zwijsen

## Oen Ien en oen An
Erik van Os & Elle van Lieshout en Georgien Overwater

Zwijsen

## Dit is mijn huis
Annemarie Bon en Joyce van Oorschot

Zwijsen